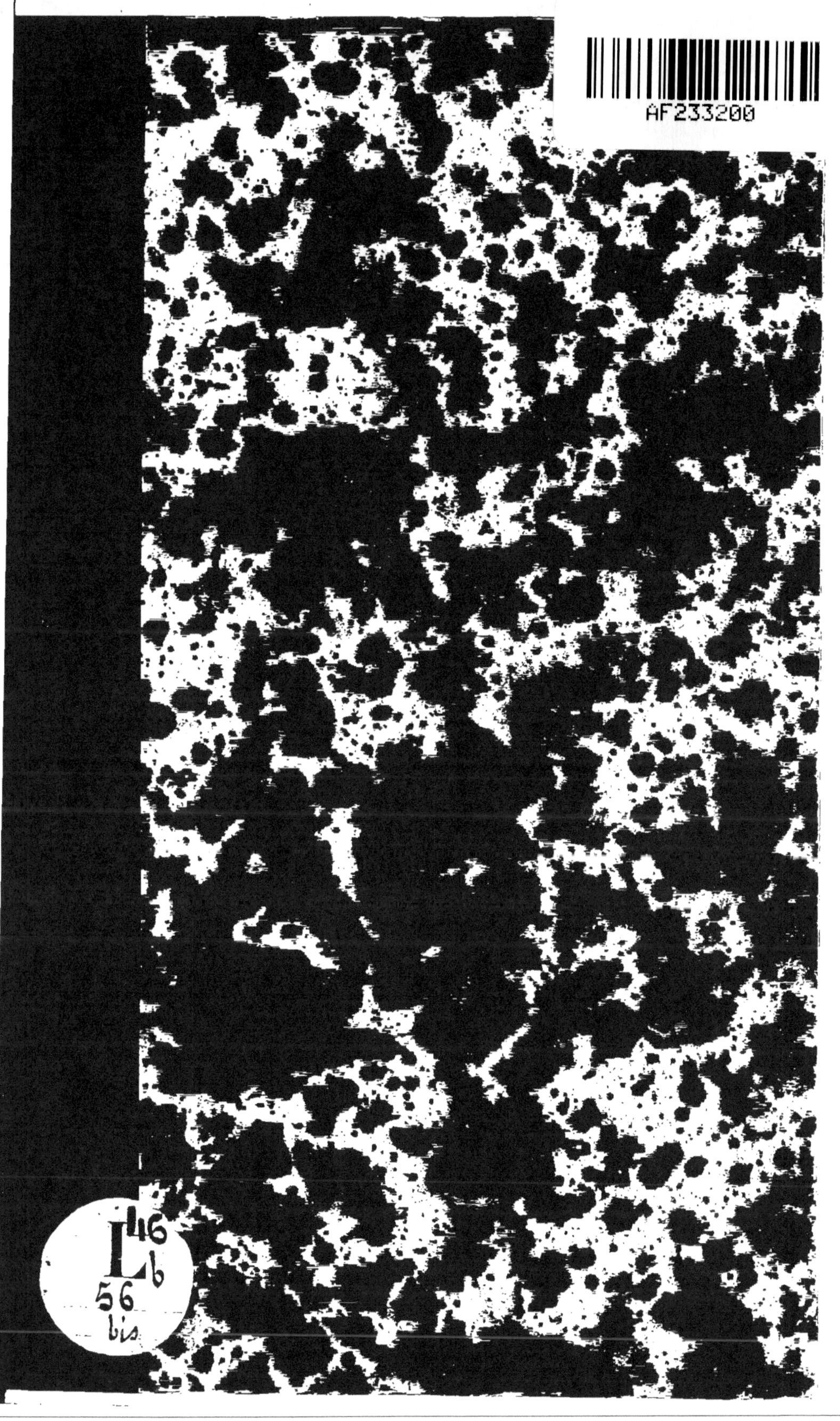

DE NAPOLÉON

ET

DES BOURBONS.

Mon dessein n'est point ici de me mesurer avec un des plus grands écrivains du siècle, ni d'accabler d'injures et d'invectiver ceux qui ne règnent plus, parce qu'ils ne règnent plus, comme l'ont fait dans d'autres circonstances des hommes qui ont prouvé que l'art d'écrire avec élégance et pureté, n'est pas toujours accompagné de cette impartialité, de cette prudence et de cette modération qui conviennent si bien au vrai mérite et au vrai génie : je veux seulement m'acquitter du devoir d'un vrai Français, en rappelant à des principes d'unité, de soumission et de concorde, ceux qu'une aveugle et injuste prévention pourrait tenir encore écartés des sentimens qu'éprouve la masse de la nation, en revoyant un souverain dont les droits à la couronne sont consacréspar vingt ans de triomphes, qui n'ont pu être interrompus un moment que par les plus infâmes trahisons, et confirmés par le vœu réitéré d'un peuple à qui la gloire nationale fut toujours plus chère que la vie.

L'étoile du bonheur qui avait accompagné Napoléon dans tous les momens de sa vie, ne l'a point abandonné même dans ses disgrâces, et elle reparaît aujourd'hui parmi nous brillante d'un nouvel éclat. Cessez donc, ô vous qu'une aveugle crédulité pourrait retenir encore dans l'égarement, de croire à autre chose qu'au bonheur qui nous est réservé à tous ! Qui pourrait concevoir quelques inquiétudes, lorsque nous pouvons contempler de nouveau le vainqueur de l'Europe, qui veut ajouter à ce titre glorieux, celui plus glorieux encore de pacificateur du monde? On vous avait fait craindre la guerre civile ! Celui qui, dans cent batailles a versé le sang de l'ennemi pour la gloire de la France, mais qui n'aurait pu souffrir qu'une seule goutte du sang français eût été versée pour sa cause personnelle, est revenu parmi vous sans qu'un seul d'entre vous ait reçu même la plus légère blessure. On vous avait menacés des ennemis du dehors ! Mais quelle est celle des puissances de l'Europe qui aurait la témérité d'attaquer celui que, sans la trahison, toutes les puissances de l'Europe réunies n'auraient pu vaincre? Quant à une nouvelle coalition, ce serait un de ces phénomènes politiques dont on n'a pas deux exemples dans un même siècle (1).

Mais admettons pour un moment que quelque nation fût assez insensée pour nous déclarer la guerre ; comment pourriez-vous craindre la chance d'une lutte si inégale ? Vous les avez vus les ennemis de la France , vous les avez vus au pied des murs de Paris, prêts à y trouver leur tombeau , sans la plus lâche perfidie ! vous les avez vus ensuite dans l'enceinte même de la capitale , où ils ne vous ont inspiré que du mépris ! vous les avez vus , habitans de Paris , ces prétendus vainqueurs de la France , trembler au nom de celui qui aurait pu les anéantir dans vos murs, s'il n'avait craint de vous envelopper dans leur ruine ! vous les avez vus, Français , ces prétendus libérateurs, dont la présence excita en nous tous une secrète indignation ! vous les avez jugés ! leur présence vous a fait croire à la réalité des succès passés, auxquels vous aviez eu peine à ajouter foi , parce qu'ils vous avaient semblé tenir du prodige ; lorsque vous avez été à portée de comparer de tels hommes aux Français, et aux Français commandés par Napoléon. Vous qui avouez que vous ne vous avanceriez

____

(1) D'ailleurs l'Empereur n'a-t-il pas déclaré l'intention formelle de ne jamais entreprendre de guerre que pour repousser une injuste agression?

qu'avec crainte contre l'ennemi, vous fût - il
même beaucoup inférieur en nombre, s'il mar-
chait sous les ordres d'un pareil chef, vous
craindriez, en l'ayant à votre tête, d'aller
à la rencontre de ces légions que vous avez
tant de fois vaincues ? non : une semblable pensée
vous ferait rougir. Vous n'avez pas oublié que le
peuple le plus brave qui existe, n'a rien à redouter
sous la conduite du premier guerrier de l'univers.

Mais considérons la chose sous une autre rapport, et venons à examiner si la France eût été à
l'abri d'une guerre étrangère, en supposant que
les Bourbons eussent continué à régner. Les
moins clairvoyans conviendront qu'elle était inévitable. En effet, il était impossible à la France
de se relever de l'état d'abjection dans lequel les
derniers évènemens l'avaient plongée, sans qu'un
noble et généreux effort la rétablît, par rapport
aux autres nations, dans l'équilibre politique
qu'elle avait perdu. Si elle ne l'avait point fait,
cet effort, les puissances étrangères qui avaient
déja su lui faire payer bien cher leurs prétendus
services, l'y auraient forcée par les sacrifices
sans bornes qu'ils auraient exigés d'elle, et par
ces procédés injurieux qui ne manquent jamais
d'indigner une nation jalouse de sa gloire, et
qui n'a point perdu le souvenir de sa liberté. Il
eût donc fallu ou prendre les armes, ou plier

sous un joug étranger. Comme cette dernière idée eût révolté tout vrai Français, il n'en est pas un seul qui n'eût préféré la guerre à l'ignominie. Mais comme la valeur devient inutile, si elle n'est guidée par l'intelligence et l'activité, qu'aurait produit la bravoure de nos soldats, sans la présence de celui sous les yeux duquel ils étaient accoutumés à vaincre ? Est-ce celle d'un roi valétudinaire, ou de jeunes princes sans expérience, qui aurait pu y suppléer ? auraient-ils eu la confiance de nos guerriers ? non : il n'est donné qu'à l'aimant d'attirer le fer; il n'en eût pas moins fallu combattre; et la France, qui depuis vingt ans ne comptait ses batailles que par ses victoires, ne les aurait peut-être plus comptées alors que par ses défaites.

La guerre ou l'avilissement, et peut-être l'un et l'autre étaient inévitables sous le règne des Bourbons. La présence de Napoléon nous préserve de cette crainte, en rétablissant parmi nous cet esprit national qui vivifie tout, et qui semblait l'avoir suivi, jusque dans sa retraite. Il reparaît, et l'on voit renaître parmi les Français cette noble fierté qu'inspire le courage sûr d'être guidé à la victoire toutes les fois que la gloire et la sûreté de la nation l'appelleront aux champs de l'honneur. Il reparaît, et celles des nations qui, enhardies par la faiblesse du gouvernement des Bourbons, avaient formé contre la France de funestes projets, voient leurs espérances déçues (1). Il reparaît, et les manufactures et le commerce, vont reprendre une nouvelle vigueur et une nouvelle activité.

Car, quels étaient, sous le règne des Bourbons, les avantages du commerce qui devait être le principal fruit de cette paix générale que les souverains des puissances coalisées sont venus nous vendre à Paris ? On importait en France les productions des manufactures étrangères, tandis que chez nous la classe ouvrière restait dans l'indigence faute de travail ? On nous vendait fort cher des marchandises étrangères dont on exportait ensuite la valeur en argent ? **On** nous a restitué dans un état de délabrement quelques colonies qu'on n'aurait par manqué de reprendre ensuite, quand elles auraient été rétablies par nos soins dans un état prospère. Certes, si c'est là tout le fruit d'un commerce dont on nous avait tant vanté les avantages, je crois qu'un commerce intérieur bien soutenu, serait infiniment préférable à celui-ci. Au moins, l'in-

---

(1) Les puissances du continent seront forcées maintenant d'admirer la sagesse et la modération de Napoléon qui ne connaît plus d'autre gloire que de rendre la France heureuse, comme elles l'avaient été de redouter la valeur de ce héros.

dustrie serait encouragée, les directeurs des manufactures feraient travailler avec plus d'activité, n'ayant plus à soutenir la concurrence des manufactures étrangères, et la classe indigente ne serait point plongée dans la misère faute de travail.

Mais à quel prix l'avons-nous acheté ce commerce extérieur? En sacrifiant tout le territoire devenu français par droit de conquête; en sacrifiant ces pays qui étaient le prix de notre courage et de notre sang, et dont l'ensemble formait le premier empire du monde; en sacrifiant même une partie de l'ancienne France, de ce sol sacré que ne souilla jamais la marque d'une domination étrangère. Voilà à quel prix nous avons acheté ce que l'on appelait une paix générale : car, désabusez-vous de croire qu'elle eût pu subsister cette prétendue paix générale. Le démon de la guerre n'était qu'endormi ; il se fût réveillé pour recommencer ses ravages avec plus de fureur que jamais.

Que fût alors devenue la France au milieu de ce cahos, sans la présence de celui qui seul avait pu la sauver quelques années auparavant des fureurs de l'anarchie; sans ce vaste génie qui d'un coup d'œil examine l'ensemble et les détails, prévoit tout, dispose tout, et donne à tout cette activité qui seule fait plus que tout le reste, et à laquelle ne peut suppléer le nombre des soldats?

Mais en admettant que le nombre pût suppléer à la valeur et au génie, la France aurait-elle été en état d'entretenir de nombreuses armées sous le gouvernement des Bourbons? où auraient-ils pris pour payer les soldats sur le pied de guerre, eux qui ne pouvaient les payer en tems de paix? C'était donc l'effet de la trop grande diminution des contributions? nullement; car nous avons vu que, sous le règne pacifique des Bourbons, les impôts étaient plus considérables qu'ils ne le furent jamais sous l'empereur Napoléon ayant la guerre à soutenir contre l'Europe entière.

C'est encore une chose digne de remarque, Français, que la masse de contributions qu'on vous a fait payer depuis six mois, sans qu'on ait pu justifier des besoins réels. Qu'a-t-on fait de ces revenus considérables de l'état, qui, sous le règne de Napoléon, servaient à soutenir la grandeur et la dignité de l'empire Français? Non-seulement ils n'ont point cessé d'être les mêmes, mais ils ont été augmentés. Quel en était l'emploi sous le règne de Napoléon? Ils lui servaient à entretenir sur pied une armée au moyen de laquelle la France pouvait dicter des lois à toutes les autres nations; ils lui servaient à récompenser le mérite, à soulager les malheureux, et à élever ces superbes monumens qui éternisent la gloire du nom français. Quel en était l'emploi

pendant l'interrègne de Napoléon ? Il serait diffi-
ficile de le faire connaître, puisqu'on ne payait
ni les militaires, ni la plupart des fonctionnaires
publics. Cependant les deux tiers des armées
étaient licenciés, les travaux publics étaient sus-
pendus, une grande partie des fonctionnaires,
dans les différentes administrations, étaient ren-
voyés sans emploi comme sans retraite. Que
devenaient donc les revenus de l'état ? Les anglais
seraient peut-être plus à portée d'en rendre raison que nous.

Quel a été l'état de notre marine après le
traité conclu avec les alliés ? Avons-nous con-
servé cette superbe flotte qui, en peu d'années,
avait été construite comme par enchantement
dans le port d'Anvers ? non. Qu'est-elle devenue ? Elle est la proie de l'éternel ennemi de
la France, qui de plus a porté l'insolence jusqu'à
exiger que le peu de vaisseaux qu'il nous a laissés
restassent désarmés dans nos ports. C'était donc
ainsi que nous jouissions de cette liberté des
mers, qui devait être le fruit d'une paix générale ! Mais il était impossible de se faire illusion
là-dessus ; il fallait, ou rester tributaires de la
nation Anglaise, ou se résoudre à voir tous nos
vaisseaux marchands saisis et confisqués, sans
que nous eussions pu apporter la moindre
résistance, dès qu'une rupture imprévue, à

laquelle on n'aurait pas manqué de trouver un prétexte, aurait dégagé envers nous les Anglais d'une alliance à laquelle ils n'avaient jamais eu l'intention de tenir que jusqu'au moment de nous la faire payer cher par une trahison subite.

Enfin, et ce qui prouve mieux la vérité de ces observations, que toutes les raisons possibles, quel a été l'esprit de la nation française pendant l'année qui vient de s'écouler ? A-t-on vu le peuple manifester cette satisfaction qui est le garant le plus certain du bonheur d'une nation ? l'a-t-on vu s'applaudir du nouvel ordre de choses ? Personne au contraire ne peut se dissimuler qu'il n'y avait pas même, jusqu'à ceux qui, séduits par des apparences trompeuses, avaient d'abord témoigné quelque contentement du changement arrivé en France, qui ne convinssent que le nouvel état de cette puissance ne pouvait durer longtems. Chacun ressentait le danger d'un gouvernement faible, après les violentes secousses qui venaient d'ébranler la France et l'Europe entière. On se demandait : quel remède à cette léthargie dans laquelle on se trouvait plongé, à cet engourdissement qui semblait avoir paralysé la France entière, à ce découragement presque général auquel on ne voyait aucun remède, tant que la situation politique de la France resterait dans le même état? Il semblait que la nation fût un corps sans âme. C'est alors qu'on a senti mieux que jamais cette importante vérité : que Napoléon pouvait se passer de la France , mais que la France ne pouvait se passer de Napoléon.

Lui seul, en effet, est capable de réparer tous nos maux; lui seul est capable de nous rendre cette noble fierté qui convient à une nation accoutumée depuis vingt ans à commander aux autres, et qui n'avait pu supporter l'abaissement dans lequel elle s'était trouvée pendant son absence, sans maudire le sort fatal qui venait de l'accabler; lui seul est capable de faire oublier à la nation française ses malheurs passagers, en rétablissant le commerce et l'industrie, en rendant l'activité à toutes les parties de l'état, et en réformant les abus qui sont la suite naturelle et inévitable d'un gouvernement faible et sans énergie; lui seul est capable de la faire respecter des autres puissances de l'Europe, par le souvenir de sa valeur et par l'éclat de son nom; lui seul enfin est capable de la rappeler à des idées de liberté, d'indépendance, de grandeur, de courage et de gloire.

Qu'on nous menace donc maintenant des ennemis du dehors, qui craignent plutôt pour eux-mêmes qu'ils ne songent à nous attaquer. Non , Français , soyez-en bien convaincus , vous n'avez rien à craindre des ennemis du dehors, tant qu'il n'y en aura point au dedans; tant que, par votre union entre vous, et par votre attachement inviolable pour la personne sacrée de votre auguste Empereur, vous n'aurez tous pour objet que le but que doit se proposer tout bon citoyen, je veux dire la gloire de la nation et du souverain, et la prospérité de l'Etat. Si alors, quelqu'ennemi était assez insensé pour oser vous attaquer, ralliez-vous au pied du trône, unissez-vous du même esprit, pour concourir aux vues de celui qui, par son génie, dirigera votre zèle et vos efforts. Sous de pareils auspices, vous serez surs de marcher à la victoire, et toutes les nations du monde ne suffiraient pas pour vous intimider. Vous savez ce qu'auraient pu sans la trahison, il y a un an, vos efforts réunis. Cette pensée, je le sais, réveille votre indignation; mais cessez de les regarder comme malheureux, ces évènemens : ils ne sont point si funestes, puisqu'ils ont servi à vous faire voir dans tout leur jour, et la grandeur de votre souverain, et la faiblesse réelle de vos ennemis, qui, malgré leur nombre et leurs efforts, n'auraient pu venir à bout d'exécuter leurs coupables projets, sans la lâcheté et la perfidie de ceux qui n'ont pas craint de trahir leurs devoirs les plus sacrés, pour vous rendre victimes de votre courage.

Mais vous n'avez plus de semblables dangers à redouter à l'avenir. Non, il n'est pas possible qu'il se trouve désormais un Français assez indigne de ce nom, pour trahir sa patrie et son souverain. Les Français, animés tous du même esprit, sauront prouver aux autres nations ce que peuvent l'union et le courage. Ils ont retrouvé ce palladium sacré, qui fut toujours pour eux un garant assuré de la victoire ; ils ont retrouvé ces aigles triomphantes, qui, semblables aux aigles Romaines, ont répandu par tout l'univers la gloire du nom français ; ils ont retrouvé les attributs qui leur avaient mérité le nom de la grande nation. Oui, Français, votre nation redevient la première nation du monde ; vous succédez de nouveau à ce peuple qui fut si longtems maître de la terre, et dont la gloire ne périra jamais. Comme vous il fut trahi, comme vous il éprouva des revers ; mais comme vous, modéré dans la victoire, il sut maîtriser l'adversité, et tirer parti même de ses disgrâces. César est de retour parmi vous ; il vous apporte de nouveau la gloire et le bonheur.

Accourez de toutes parts, guerriers que sa valeur conduisit si souvent à la victoire. Accourez, jeunes Français qui, semblables aux trois cents Spartiates commandés par Léonidas, avez affronté des légions innombrables de barbares, pour sauver l'honneur du nom français ; venez recevoir des mains de celui qui inspirait alors votre courage, la récompense due à votre généreux dévouement. Mais vous la trouvez déja dans le fond de vos cœurs cette récompense, et dans l'admiration que votre valeur sans exemple a inspirée à toute la nation française , et même à vos ennemis. Venez aussi, ô vous qui, après avoir vieilli dans la carrière militaire, trouviez au sein de la capitale, un asile et la récompense de vos nobles travaux : venez, cet asile vous est rouvert pour toujours.

Et vous, citoyens de toute classe, de tout rang et de toute condition ; les charges, les emplois et les dignités vont maintenant devenir votre partage. L'on ne connaîtra désormais pour titre de noblesse , que la science et le mérite ; et la naissance ne sera plus un motif pour prétendre aux récompenses et aux honneurs. Les marques distinctives de la bravoure ou du mérite personnel , vont cesser d'être prodiguées sans mesure comme sans raison, et de devenir des hochets.

Les sciences et les lettres vont maintenant reprendre une nouvelle vigueur. Les savans , naguères découragés par l'inutilité de leurs efforts pour les progrès des lumières, vont travailler avec une nouvelle ardeur, assurés de trouver dans la munificence du souverain, la récompense due à leurs veilles et à leurs recherches. Le blâson ne sera plus préféré aux ouvrages qui ont éclairé notre siècle ; et une généalogie, aux historiens de la Grèce et de Rome.

Les travaux publics vont être remis en activité, les monumens commencés vont être terminés, et d'autres vont s'élever de nouveau sous les yeux de celui auquel nous devons tout ce que l'antiquité offre de plus rare et de plus précieux, et qui a fait renaître dans Paris les plus célèbres monumens de l'ancienne Rome. Nous allons voir de toutes parts de nouvelles routes s'ouvrir aux voyageurs, des ports se creuser ou se terminer, et les édifices publics se réparer et s'embellir. Les travaux maritimes vont être repris avec plus de vigueur que jamais ; et dans peu d'années, les flottes nombreuses qui sortiront de nos ports, nous serviront a reconquérir celles qui sont devenues la proie de nos ennemis, s'ils osaient encore s'opposer à notre commerce.

Que de motifs, ô Français ! que de motifs de vous rallier d'un concert unanime, à celui qui fit si longtems la gloire de votre nation ! que de motifs de venir de nouveau déposer au

2

pied de son trône, les sermens d'une inviolable fidélité ! que de motifs de seconder de tous vos efforts à l'avenir, les sages précautions que lui dictera sa prudence, pour notre bonheur commun !

Certes, les vœux unanimes qu'il a recueillis sur son passage, pendant une marche qui était un véritable triomphe, l'ont plus fortement convaincu que jamais, de l'amour des Français pour son auguste personne. Sa grande âme en a été attendrie, et son courage que n'ébranlèrent jamais mille bronzes vomissant la mort, a cédé à la vive et délicieuse émotion que lui ont fait éprouver les transports unanimes d'une nation qu'il retrouve plus fidèle, plus aimante et plus dévouée; et à laquelle il a prouvé par les marques d'une touchante bienveillance, que la générosité fut toujours le partage de l'héroïsme.

Les princes qui, dans les circonstances qui viennent de se passer, vous ont donné les preuves les moins équivoques de leur incapacité, ne vous intéressèrent à leur entrée en France, que par le souvenir de leurs malheurs passés ; malheurs que leur seule et trop coupable imprudence attira sur leur tête : mais vous intéressèrent-ils jamais par le souvenir de leurs talens dans l'art si difficile de gouverner ; par celui de leur courage, par celui de leurs exploits, par celui de leur dévouement à la gloire et au bonheur de la nation, qui font les seules et véritables droits à la couronne (1) ?

Le retour de Napoléon parmi vous, au contraire, vous inspire tout ce que le courage le plus sublime, joint à l'habilité la plus profonde, peut faire éprouver d'admiration. Vous reconnaissez véritablement en lui cet homme extraordinaire par ses talens et son génie, que la providence a rendu seul capable de vous gouverner ; vous reconnaissez en lui le vainqueur de tant de peuples, le sauveur de la France en 1800, le restaurateur de l'ordre social ; vous reconnaissez en lui l'auteur d'un recueil de lois qui fait l'admiration de toute l'Europe, le protecteur des sciences, des lettres et des arts, le fondateur de tant d'établissemens de bienfaisance ; vous reconnaissez en lui celui qui a récompensé tant de braves, prévenu tant de besoins, soulagé tant de malheureux ; enfin, ce génie actif qui a fait élever tant et de si superbes monumens, qu'il faut les avoir vus pour se former l'idée de

____

(1) Quand de pareils droits ont été confirmés et ratifiés par la sanction libre et volontaire de plus de quatorze millions d'habitans, ces droits peuvent-ils être contestés ?

leur magnificence ; qui a fait construire tant de vaisseaux, creuser tant de ports, rendu praticables tant de routes, ouvrir tant de caneaux ; qui a gagné tant de batailles, soumis tant de nations, couvert les Français d'une si grande gloire ; et vous dites : voilà notre souverain.

Que peuvent les préjugés en faveur d'une ancienne dynastie, contre de pareils titres à notre reconnaissance ? Les droits d'un tel souverain sont tracés dans le cœur de ses sujets en caractères de flammes, et gravés d'une manière ineffaçable sur le marbre et le bronze qui éternisent la gloire de son nom. De qui les droits peuvent-il paraître les plus incontestables, ou de ceux de ces hommes sans caractère comme sans courage, qui livrèrent et abandonnèrent la France à toutes les horreurs de l'anarchie, ou de ceux du héros qui la retira de cet abîme de malheurs dans lequel l'avait plongée la pusillanimité des premiers ?

Une dynastie ne conserve des droits au trône d'une nation, qu'autant qu'elle conserve la force et les talens nécessaires pour maintenir cette nation dans un état de gloire et de prospérité, pour la faire respecter des nations voisines, et pour maintenir dans l'ordre administratif cette vigueur et cette activité sans lesquelles l'ordre social se trouve bientôt interrompu. Mais dès l'instant qu'elle a cessé d'être capable de régner, elle a perdu ses droits à la couronne. La nation n'est point faite pour les princes, mais les princes pour la nation : ils sont responsables de sa gloire. Il ne suffit pas de prouver qu'on est le descendant d'un prince illustre, pour faire valoir ses droits à commander, il faut prouver encore qu'on en a le mérite et la valeur. Ce n'est point la naissance, mais l'héroisme et les talens qui font la véritable noblesse.

Charlemagne n'était point descendant de Clovis, ni Henri IV fils de Valois ; et cependant la France chérira toujours la mémoire de l'un et de l'autre. Il en est des dynasties comme des arbres et des plantes, qui, après une longue suite d'années, viennent à dégénérer, et ont besoin d'être remplacées par d'autres qui aient la force et la vigueur que les premiers ont perdues.

Il n'appartenait qu'à celui qui a fondé le premier Empire du monde, de créer une forme de gouvernement qui répondît à la grandeur de cet Empire et à l'ensemble d'un si bel édifice. La sagesse du plan, la solidité des bases, l'unité, la vigueur de ce gouvernement, l'harmonie qu'on a remarquée régner dans toutes ses parties, ses heureux effets ont également an-

*

noncé la profondeur d'esprit et la vaste étendue du génie de celui qui en a créé l'ensemble et les détails.

C'est l'excellente forme de ce gouvernement, qui a rendu plus supportable l'interrègne de Napoléon. Qu'auraient fait ces princes qui reconnaissaient ne tenir la couronne de France que de leurs ancêtres et des Anglais, si, à leur arrivée dans ce pays, ils n'avaient trouvé un gouvernement si sage déja institué? De quel trouble et de quelle confusion ne se fussent-ils pas vus environnés, si, au lieu de n'avoir qu'à maintenir l'ordre établi, ils eûssent été obligés de créer un nouvel ordre de choses? Ils auraient senti combien il y a de différence à sauver une nation des fureurs de l'anarchie, et la ramener au terme d'un gouvernement réglé, et à reprendre le pouvoir chez une nation dont le gouvernement est déja établi sur des fondemens solides. Leur règne n'eût pas duré, même quinze jours, sans le secours de cette forme d'administration si bien combinée, qu'il ne s'agissait que de lui communiquer le premier mouvement pour en faire agir sans peine tous les ressorts, et pour en obtenir les plus heureux résultats.

Peut-on nous proposer pour objection une charte constitutionnelle qui n'a eu lieu qu'en spéculation , et dont la plupart des articles n'ont point été observés ? Et cette charte constitutionnelle, consiste-t-elle elle-même en autre chose que dans l'assemblage d'une partie des dispositions les plus sages de notre gouvernement , que le Roi avait arrangées de manière à faire croire à la nation qu'il voulait renfermer son pouvoir dans des limites qui ont été outre-passées dès le premier jour ? D'ailleurs, cette charte n'entre point dans les détails de l'administration , qui pourtant ne sont pas ce qui doit le moins fixer l'attention du souverain.

Le Roi , en feignant de vouloir assurer les droits de la nation, portait atteinte à la liberté publique par l'institution même de cette charte , puisqu'il l'avait rédigée seul et à sa manière. Certes , une chose de cette nature aurait bien mérité qu'il eût au moins consulté la nation , avant de procéder à la formation d'une loi si importante pour les droits du peuple. La liberté d'une nation est un bien qui ne lui est pas moins précieux que sa gloire ; et le peuple français , dans cette dernière circonstance, a vu sa liberté aussi méprisée d'abord par la création , ensuite par la violation de la charte, que sa gloire s'était trouvée rabaissée par la voie honteuse au moyen de laquelle celui qui était l'auteur de cette charte était parvenu à commander à la grande nation.

C'est cette liberté si évidemment méprisée, dont l'empereur Napoléon va aujourd'hui assurer les droits par une mesure aussi sage que sa conduite, dans cette circonstance, est digne d'éloges et d'admiration. Pouvez-vous douter du zèle qui l'anime pour vos plus chers intérêts, ô Français ! lorsqu'à peine de retour dans sa capitale, il indique la réunion des colléges électoraux en *champ de mai*, pour confirmer à jamais l'assurance de votre liberté au milieu de cette assemblée composée de vos mandataires ? De concert avec eux, il prendra les mesures propres à assurer pour toujours, et vos droits et la gloire de votre pays. Je vous le demande, Français, fût-il des droits à la couronne plus incontestables que ceux-ci ? Vous serez un peuple libre, sous la protection d'un héros !.....

Qui plus que lui serait propre à maintenir un gouvernement dont il est le fondateur ? qui mieux que lui pourrait diriger les heureux effets d'une administration dont il est le créateur ? Les lois sages qu'il a instituées parmi vous, les lois sages que médite encore en ce moment son génie admirable, sont pour lui autant de droits de plus à régner sur vous.

Qui donna plus de droits à Licurgue de commander aux Spartiates, que les lois qu'il avait
établies chez cette brave nation ?

Mais ces droits ont-ils besoin de tant de
preuves, puisqu'ils sont évidemment fondés
sur la raison et la justice ? Que diriez-vous
d'un homme qui, après avoir abandonné sa
maison en proie aux flammes, plutôt que de
chercher à arrêter le progrès du mal, vien-
drait en réclamer, comme sa propriété, une
plus magnifique qu'un autre aurait construite
sur les ruines de l'incendie ? La simple loi naturelle et le droit des gens vous indiquent de
quel côté devrait se prononcer la justice en
pareil cas. Et puis, celui dont l'imprudence
et la crainte du danger ont causé la ruine de
la première, sera-t-il en état de préserver celle-
ci d'un semblable accident ?

Il n'y a donc point à balancer, Français ! Vous
voyez clairement ce que vous dictent la raison
et votre intérêt personnel, ce que vous dictent
l'honneur et le devoir. Mais les avertissemens
deviennent désormais inutiles ; un sentiment
intérieur et un penchant irrésistible vous tracent
la route que vous devez suivre ; et dont vous
ne pouvez vous écarter sans ressentir vivement
l'inconséquence de votre conduite.

Jurez donc sur votre honneur et sur votre

âme une inviolable fidélité à votre Empereur, comme il jure lui-même, sur ses aigles triomphantes, de consacrer son repos à votre gloire et à votre bonheur. Songez à la joie qu'éprouveraient les ennemis du nom français, s'ils voyaient cesser parmi vous cette union et cette ardeur qui jusqu'ici ont fait leur désespoir, et qu'ils ne cherchent qu'à troubler et qu'à rompre; songez qu'ils ne cherchent qu'à profiter de la moindre étincelle, pour causer, s'ils peuvent un violent incendie.

Mais leurs perfides projets sont entièrement déjoués, puisque vous êtes tous animés d'un même esprit et d'un même courage; puisque, de votre propre mouvement et de votre propre volonté, vous vous empressez de venir rendre vos hommages à celui auquel ils sont véritablement dus, mais auquel ils ne pourraient plaire; s'ils ne lui étaient offerts de bon cœur. Non, Français, il ne veut point régner sur vous par contrainte, il veut commander à des hommes libres; et malgré tous ses droits au trône, il eût refusé de l'occuper si vous ne l'eussiez invité d'une commune voix à s'y asseoir. La modération n'est pas moins que la valeur le partage de sa grande âme.

Non, il n'y aura pas, jusqu'au petit nombre de ceux qu'un aveugle préjugé peut encore tenir éloignés de sa personne, qui, trop faibles pour tenir contre la générosité de sa conduite, ne se voient forcés de lui rendre un hommage sincère, comme au plus auguste monarque du monde. L'accueil favorable et plein de bienveillance qu'il fait indistinctement à tous, est un gage assuré de son amour pour tous les Français. L'oubli du passé est le premier principe de sa conduite; et il sait qu'on peut être abusé par un instant d'égarement. La vengeance n'est point son partage, et il ne se vengera sur vous que par des bienfaits.

C'est maintenant que vous allez voir se réaliser ces idées de prospérité, de bonheur et de paix, dont on vous entretenait à pareille époque il y a un an, et qui n'ont été jusqu'à présent qu'une chimère. C'est maintenant que, délivrés de tout trouble, exempts de la crainte des ennemis du dehors, vous allez ressentir les heureux effets d'un gouvernement ferme, juste et éclairé. C'est maintenant que l'insigne prérogative de donner des lois au reste de l'Europe, va se fixer pour toujours chez le peuple français, chez ce peuple si supérieur à tous les autres par son courage et par ses lumières.

L'illustre dynastie qui commence maintenant en France, et dont le fondateur a rempli l'univers de la gloire de son nom, maintiendra parmi nous le bonheur et la paix , en même tems que les sentimens du courage et de l'honneur. Elle conservera aux Français cette gloire qui n'a pu être ternie un instant, que pour reparaître plus éclatante que jamais. Oui, la gloire est aussi inséparable du nom français, que du nom de celui qui maintenant gouverne la France. L'auguste fils de Napoléon , formé à l'exemple de son illustre père , sera l'héritier de son courage et de ses talens, en même tems que de sa couronne. Il perpétuera parmi nous cet amour de l'honneur et du devoir , qu'il n'est donné qu'à un prince magnanime d'inspirer à un grand peuple. Il sera parmi nous le gage véritable de la prospérité de l'Etat.

F I N.

IMPRIMERIE DE Mme. V^e. PERRONNEAU,
QUAI DES AUGUSTINS, N°. 39.

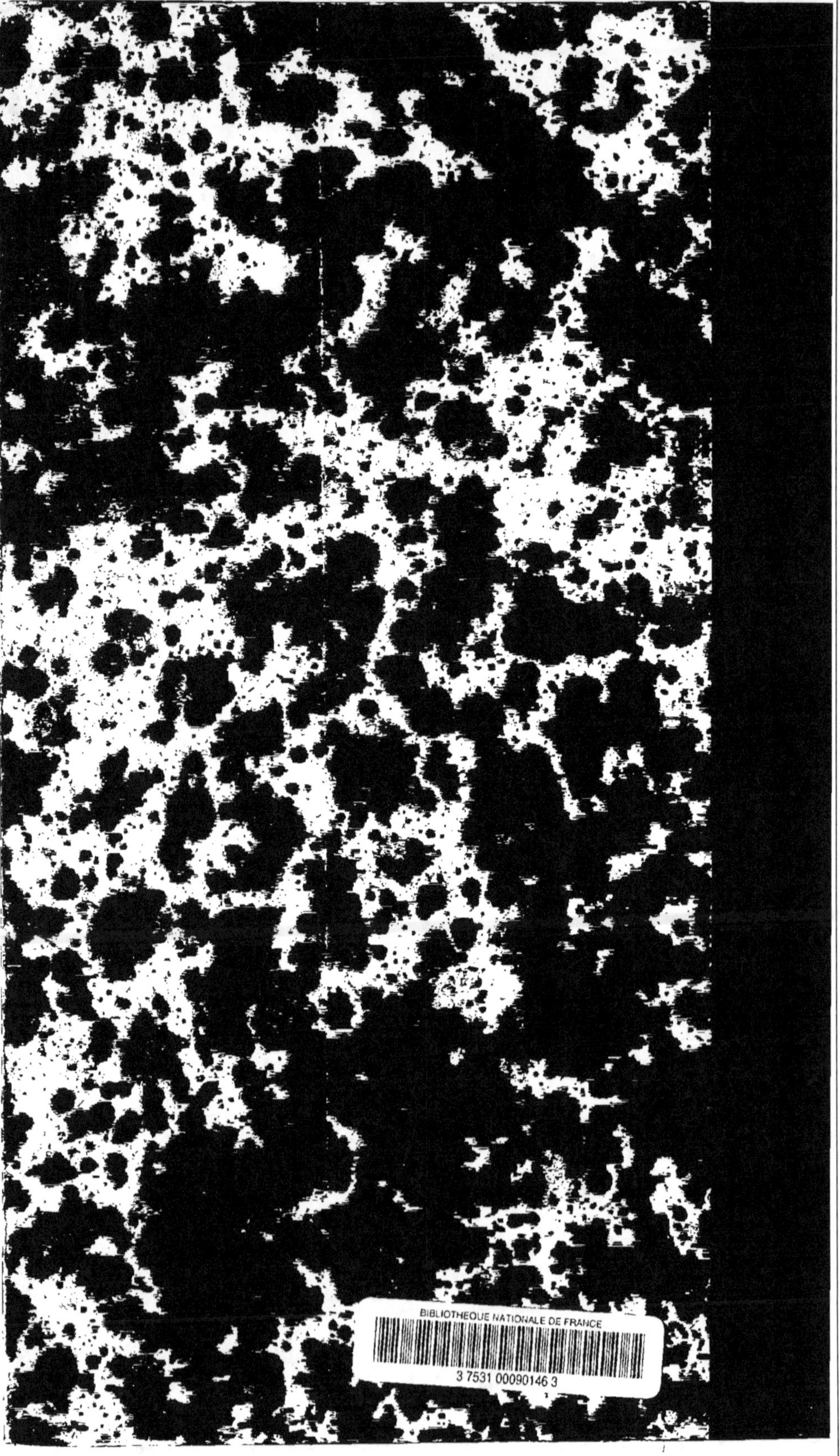